Helge Jepsen

Seja feliz!

Tradução
Alexandre Pagliuca Gomes

Título original: *Be happy*
Copyright © 2008 by Helge Jepsen

Originalmente publicada pela Hoffmann und Campe Verlag, Hamburg.

Todos os direitos reservados. Nenhuma parte desta obra pode ser reproduzida ou transmitida por qualquer forma ou meio eletrônico ou mecânico, inclusive fotocópia, gravação ou sistema de armazenagem e recuperação de informação, sem a permissão escrita do editor.

Direção editorial
Soraia Luana Reis

Editora
Luciana Paixão

Editora assistente
Valéria Sanalios

Assistência editorial
Elisa Martins

Criação e produção gráfica
Thiago Sousa

Assistente de criação
Marcos Gubiotti

CIP-Brasil. Catalogação-na-fonte
Sindicato Nacional dos Editores de Livros, RJ

J53s	Jepsen, Helge	
	Seja feliz! / Helge Jepsen; tradução Alexandre Pagliuca Gomes. - São Paulo: Prumo, 2008.	
	il. color	
	Tradução de: Be happy	
	ISBN 978-85-61618-37-7	
	1. Conduta. 2. Meditações. I. Título.	
08-4104.		CDD: 158.1
		CDU: 159.947

Direitos de edição para o Brasil:
Editora Prumo Ltda.
Rua Júlio Diniz, 56 - 5º andar – São Paulo/SP – Cep: 04547-090
Tel: (11) 3729-0244 - Fax: (11) 3045-4100
E-mail: contato@editoraprumo.com.br / www.editoraprumo.com.br

Diga bom dia!

Seja engraçado.

Arrisque-se.

Seja um artista.

Supere seus limites.

Sinta-se à vontade.

Seja curioso.

Seja espontâneo.

Sacie sua sede.

Livre-se de alguns compromissos.

Valorize-se.

Mantenha os pés no chão.

Vença honestamente.

Seja um bom perdedor.

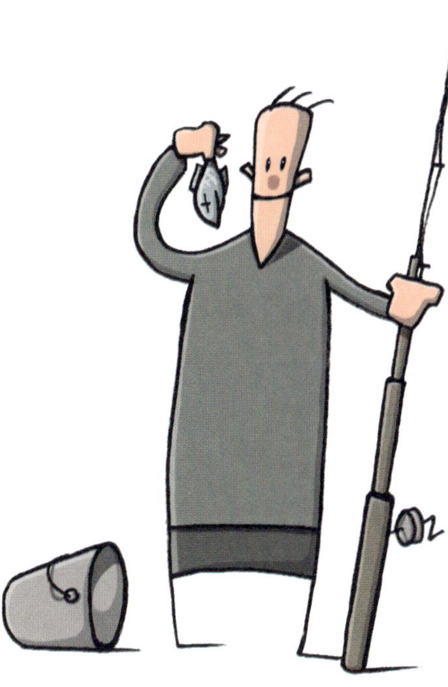

Não assista tanto à tevê.

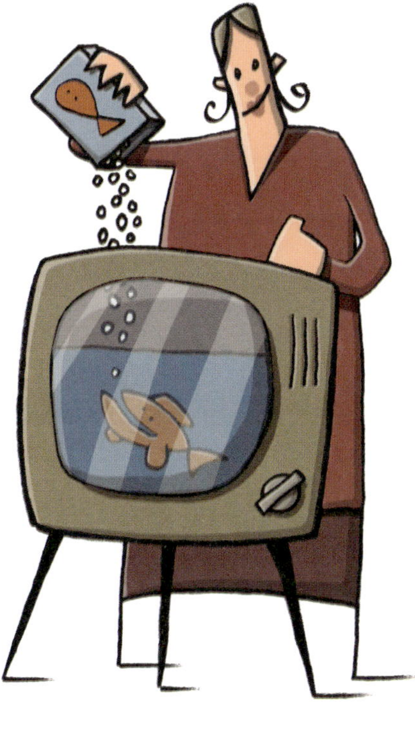

Confie em você.

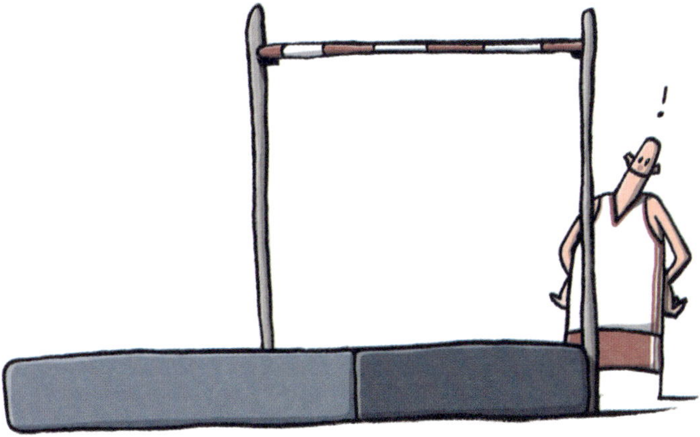

Relaxe.

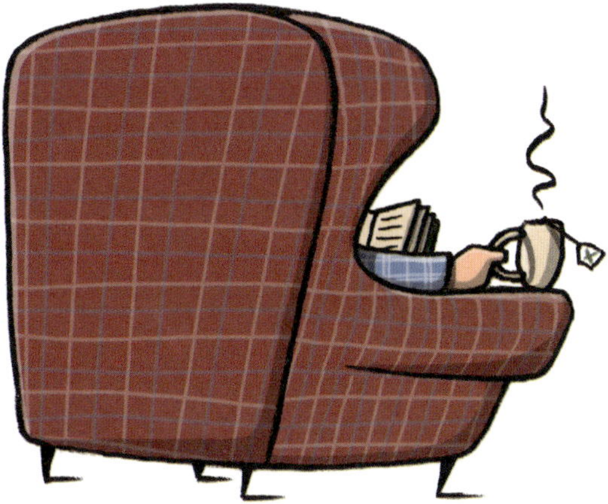

Durma tranqüilo.

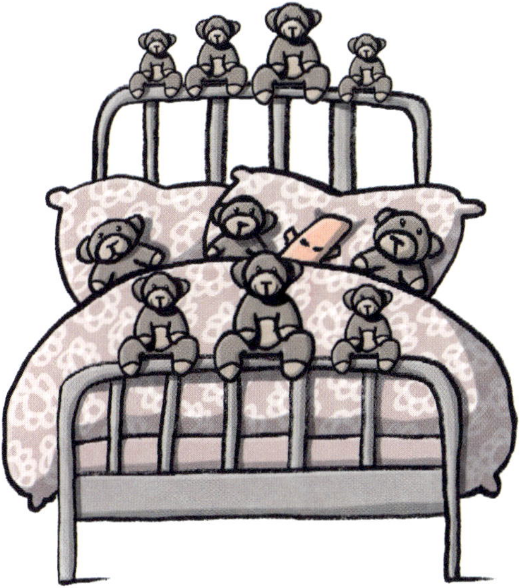

Mantenha-se em forma.

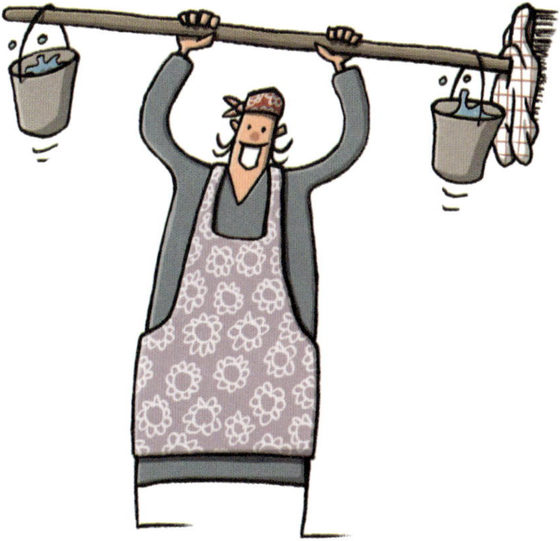

Vá ao cinema.

The end...

Cuide de sua família.

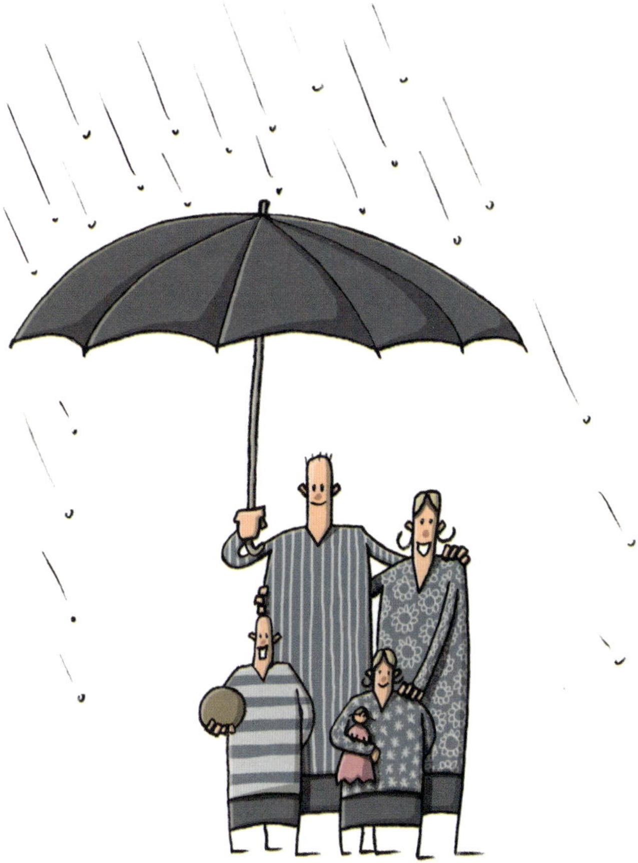

Crie seu espaço.

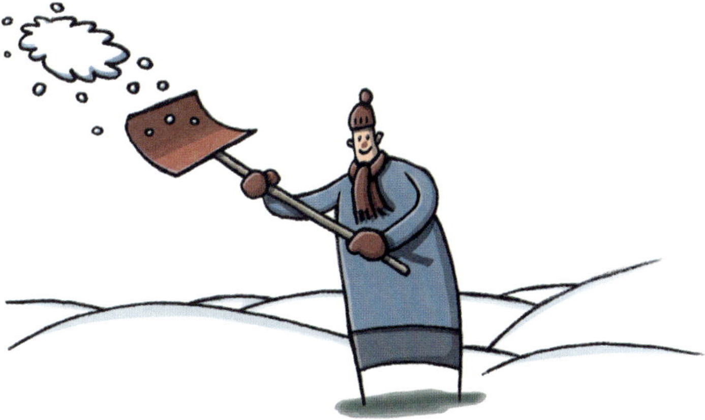

Saiba a hora de partir.

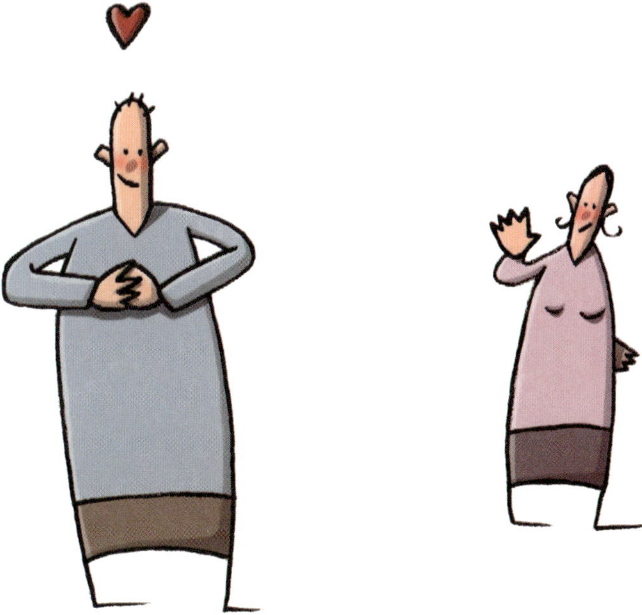

Tenha objetivos.

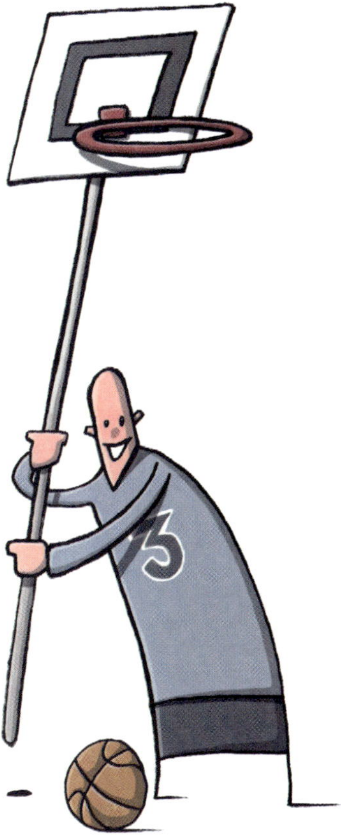

Seja corajoso.

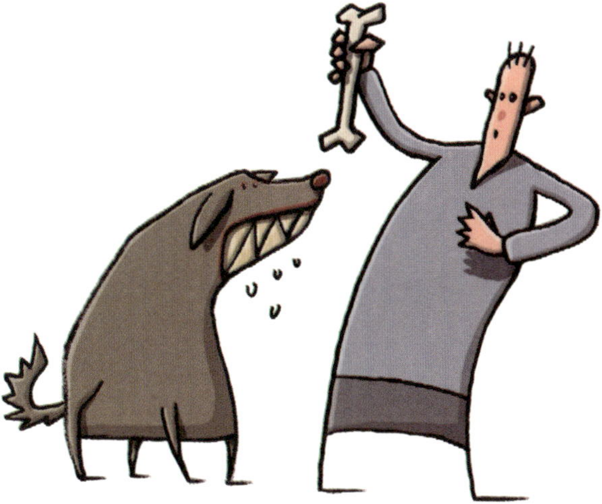

Leia coisas agradáveis.

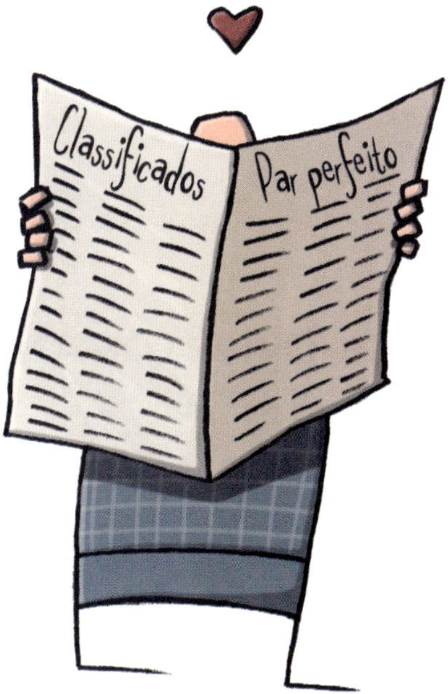
Classificados
Par perfeito

Contemple o mundo.

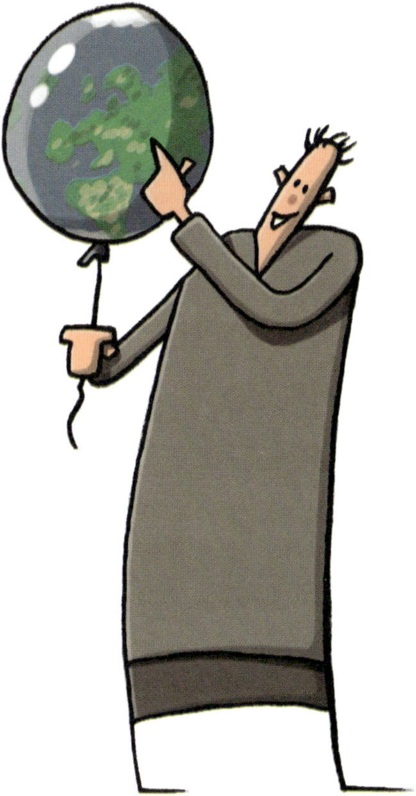

Aprenda com seus erros.

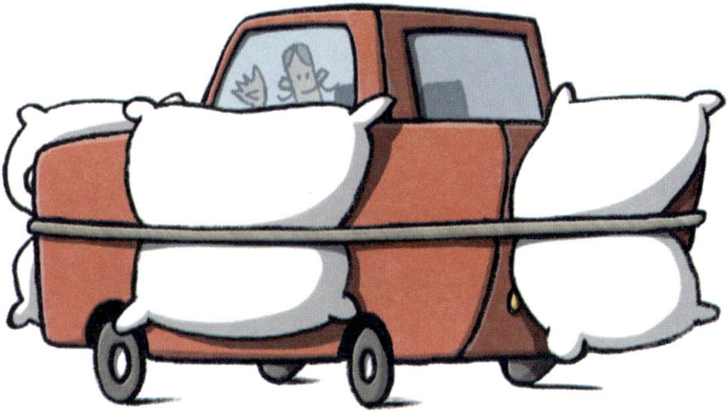

Preserve a criança
que há dentro de você.

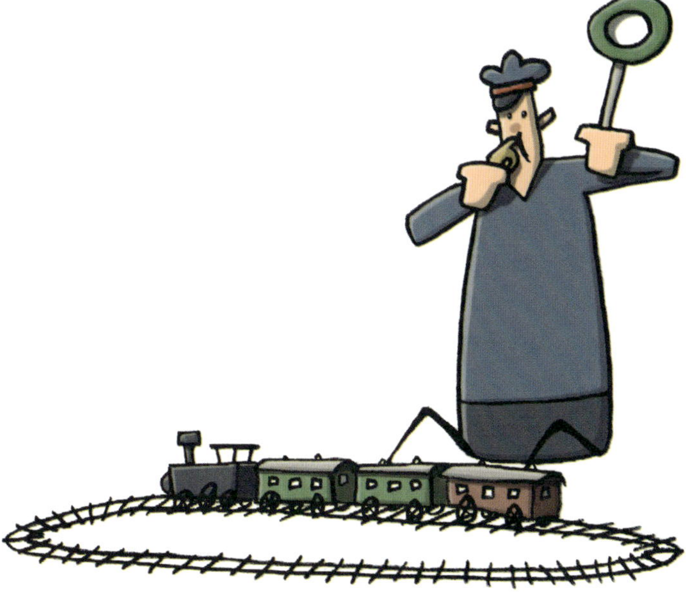

Pratique esportes.

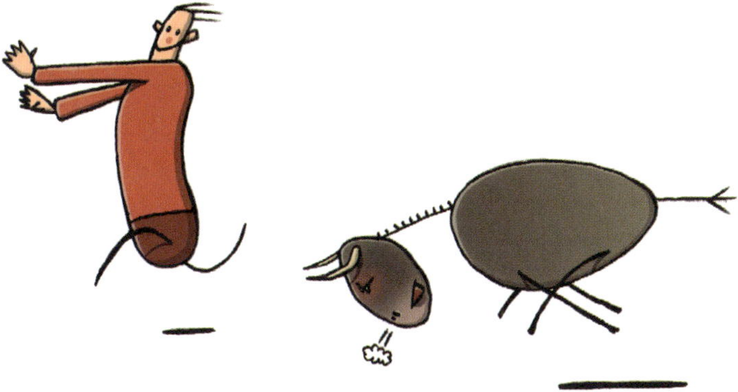

Seja romântico.

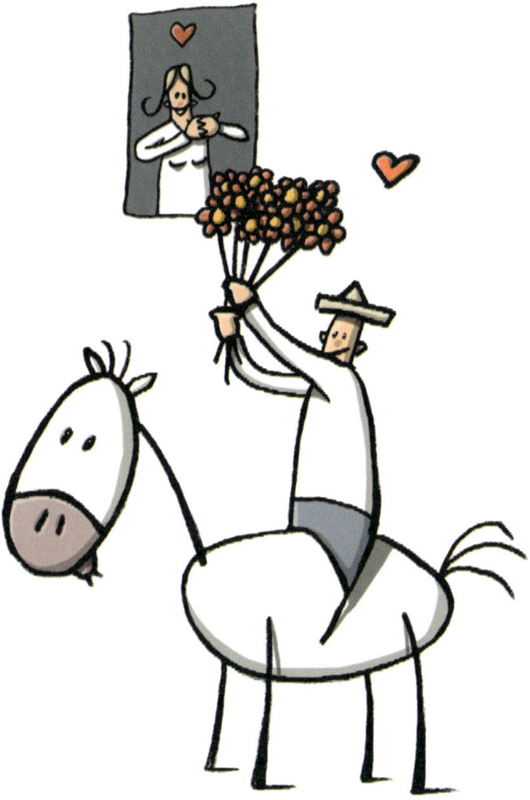

Mergulhe fundo no que faz.

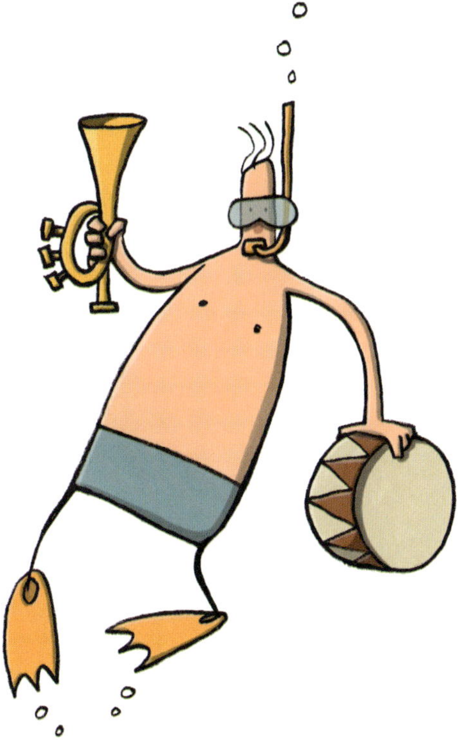

Cante uma canção.

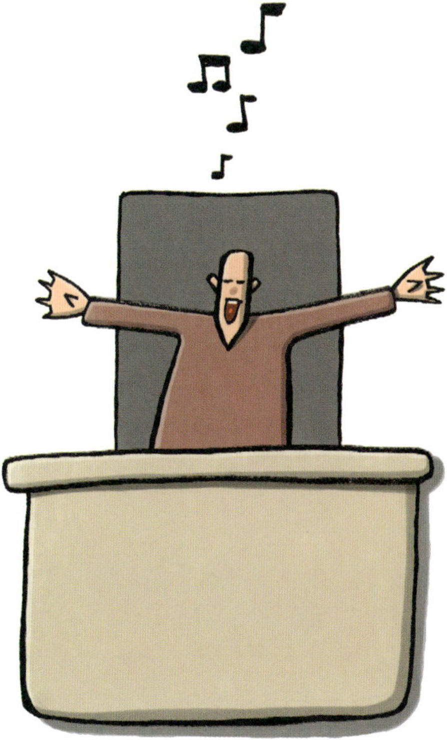

Construa seus castelos.

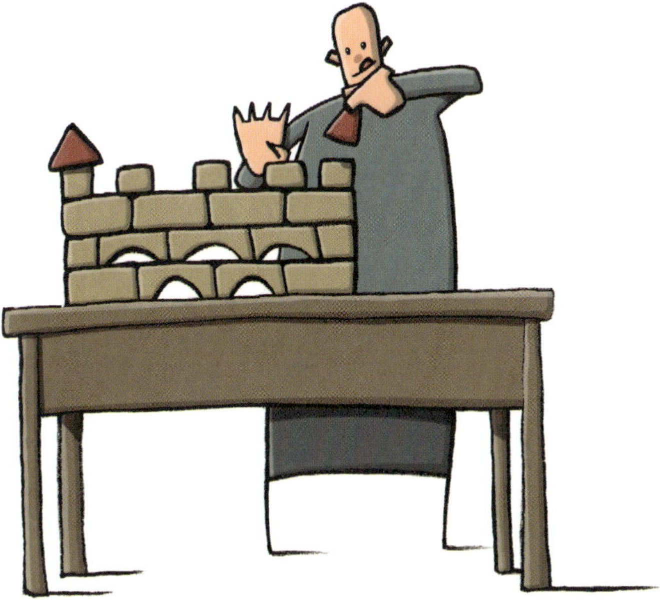

Vá às nuvens.

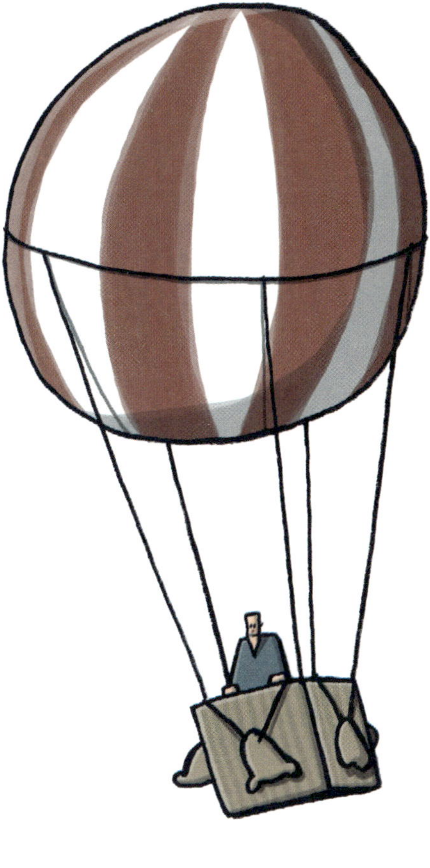

Ceda aos seus caprichos.

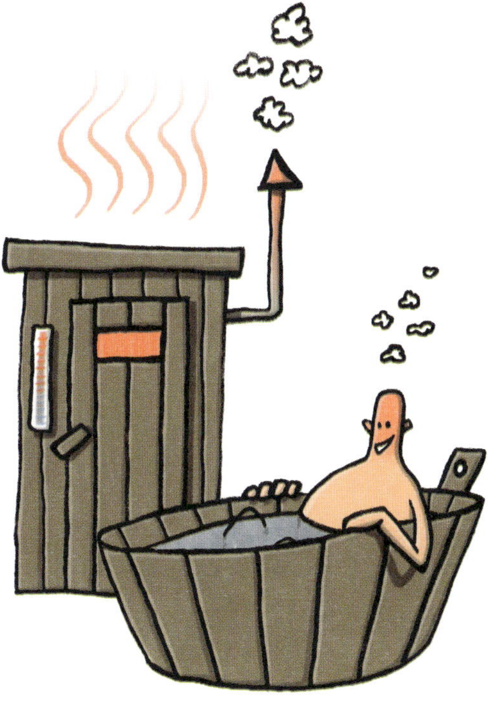

Seja você mesmo.

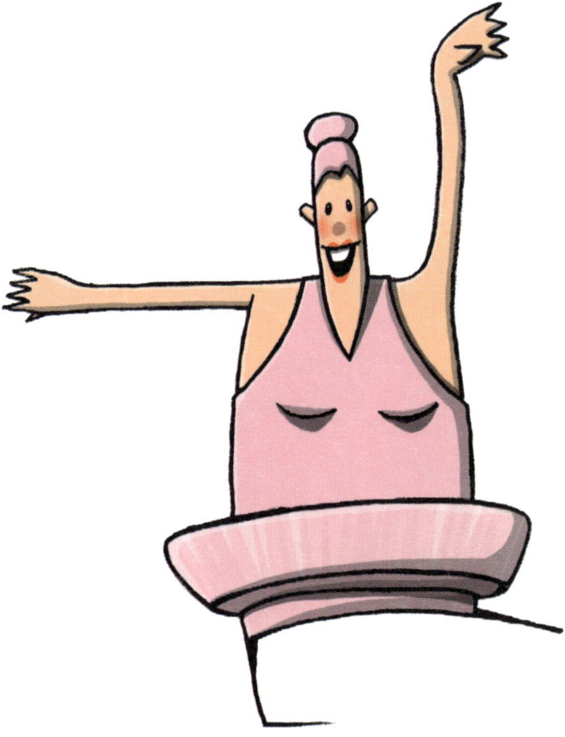

Adote um animal de estimação.

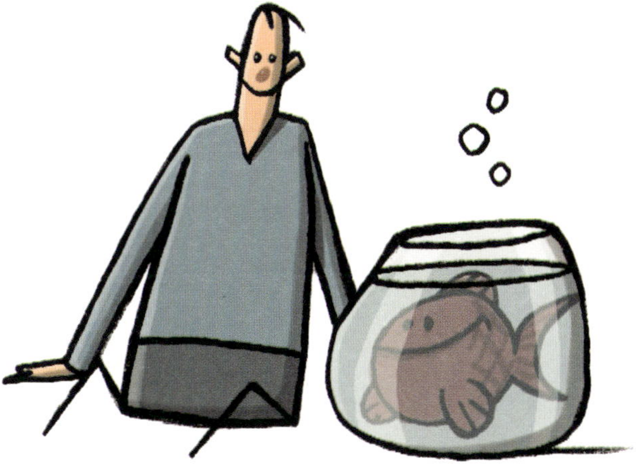

Dance.

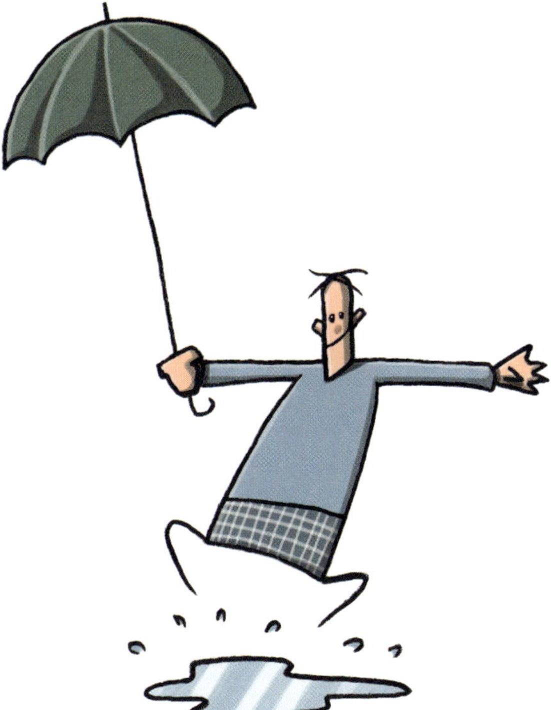

Seja o capitão de sua vida.

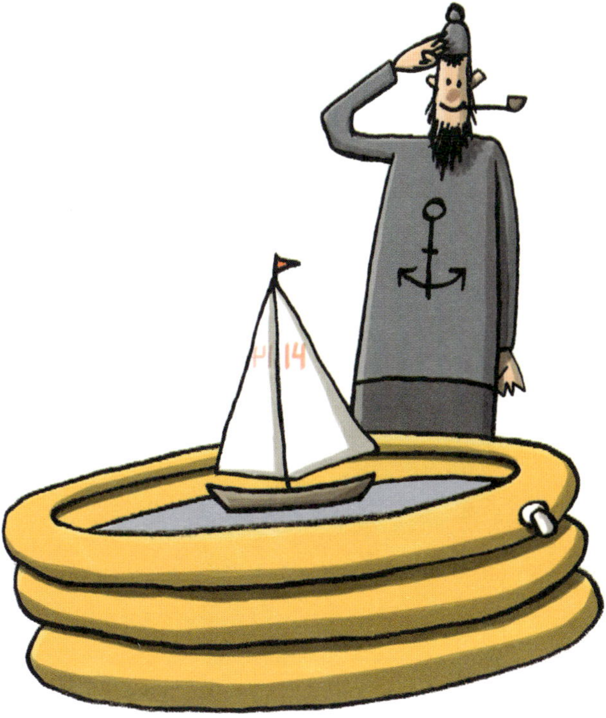

Crie, invente, inove.

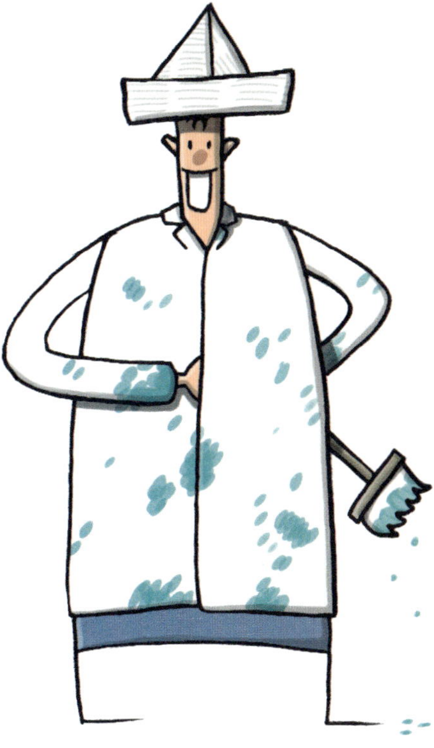

Permita-se algo.

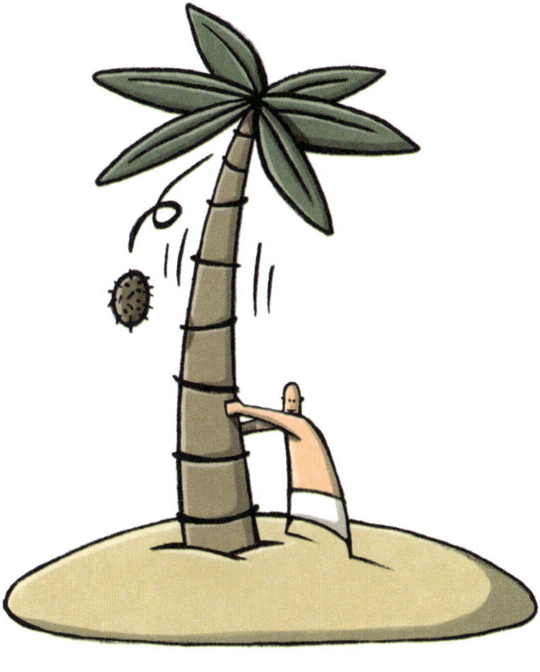

Experimente novidades.

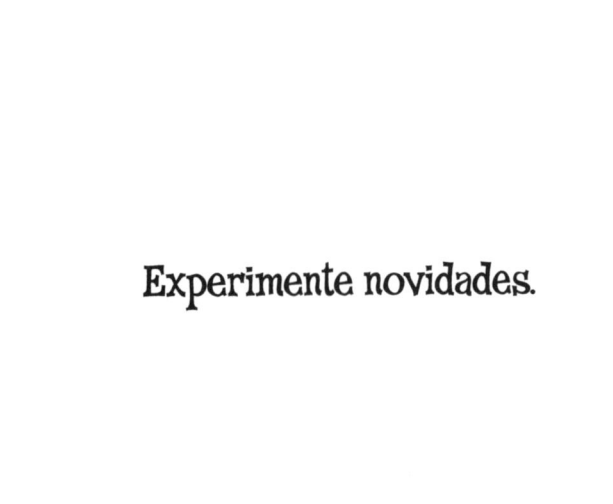

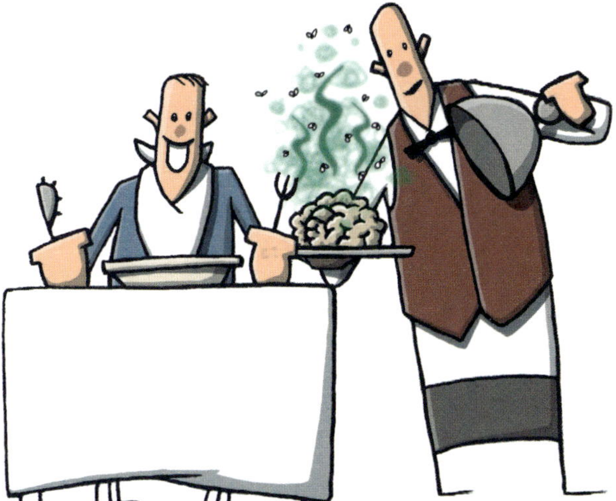

Ouça seu coração.

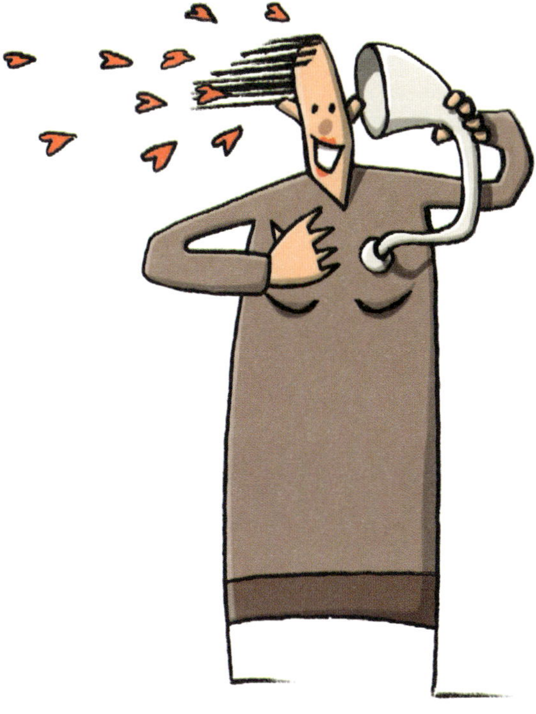

Plante uma árvore.

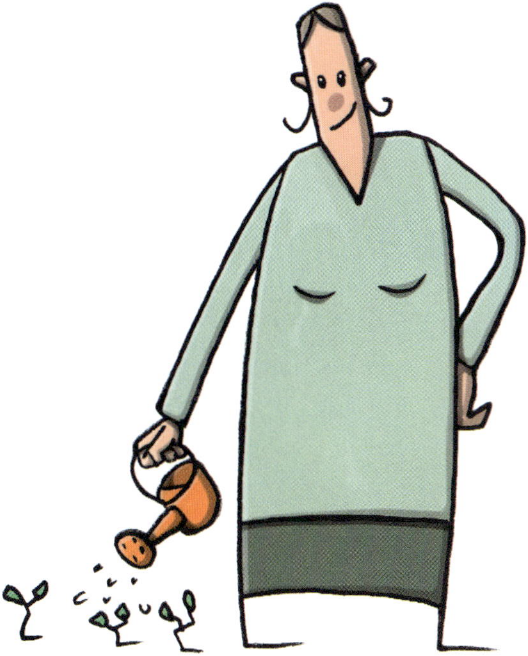

Veja de outra forma.

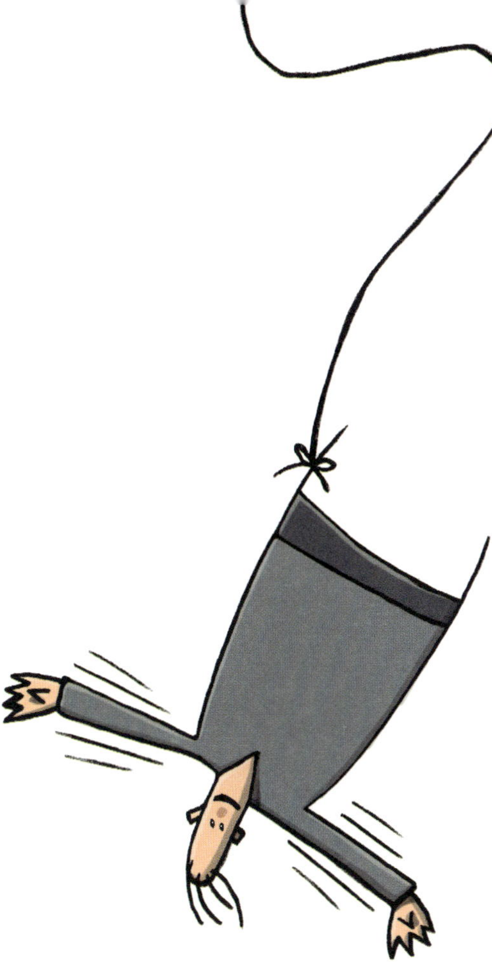

Escolha os amigos certos.

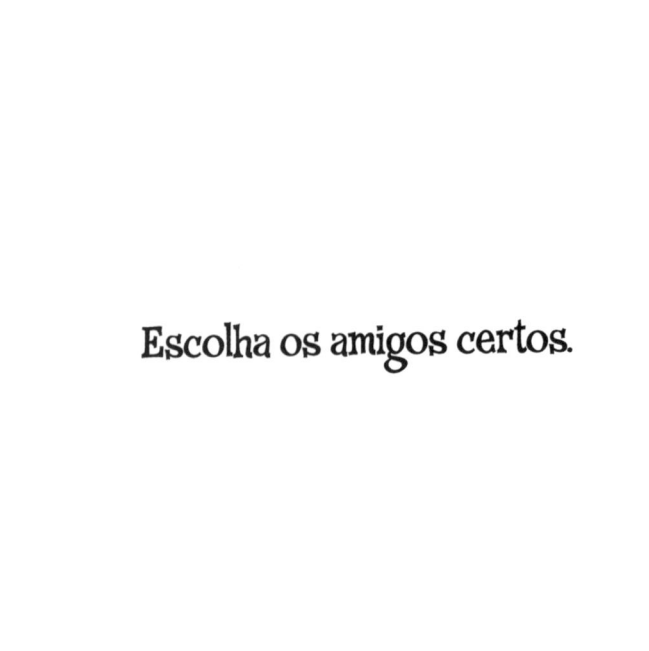

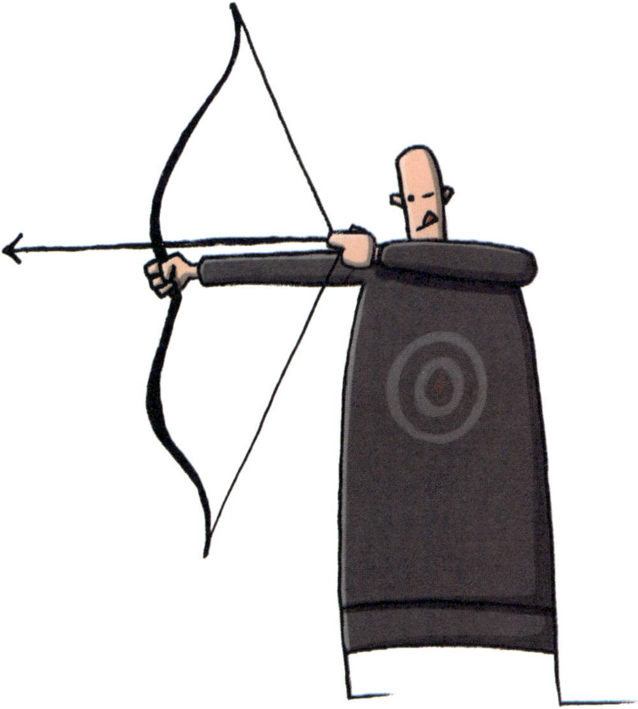

Aprecie a arte.

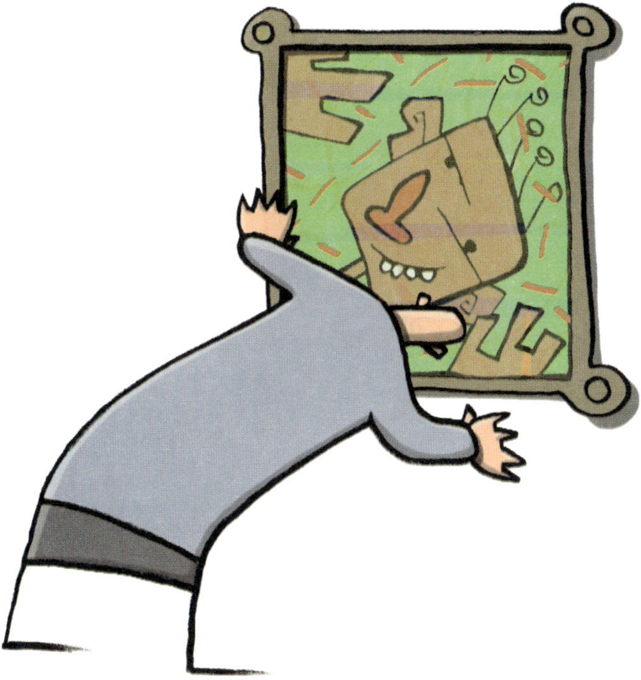

Torne-se um herói.

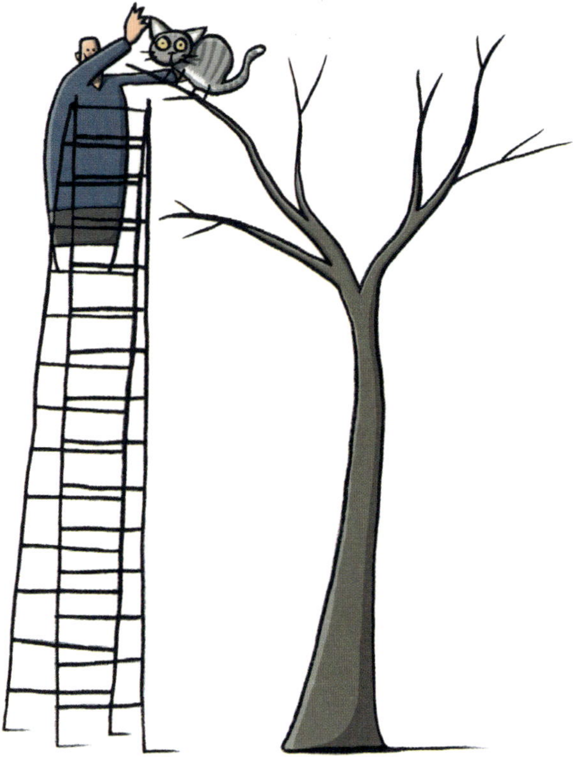

Diga até logo.

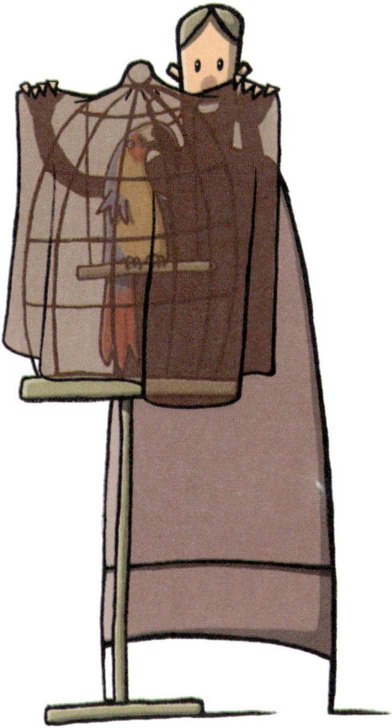